SUPERSTICIONES Y BUENOS CONSEJOS

Librería & Distribuidora Universal
Ediciones Universal
3090 SW 8th Street
Miami, Florida 33135
642-3234

COLECCIÓN DEL CHICHEREKU

EDICIONES UNIVERSAL. Miami, Florida, 1987

LYDIA CABRERA

SUPERSTICIONES Y BUENOS CONSEJOS

P.O. Box 450353 (Shenandoah Station)
Miami, Florida, 33145, U.S.A.

© Copyright 1987 by Lydia Cabrera

Library of Congress Catalog Card N.º: 86-83335
I.S.B.N.: 0-89729-433-5

Depósito Legal: B. 34345 - 1987

Dibujo por Franç Gori

Printed in Spain   *Impreso en España*

Impreso en los talleres de artes gráficas de **EDITORIAL VOSGOS, S.A.**, Avda. Mare de Déu de Montserrat, 8, 08024. **BARCELONA** - España

Armados de razones convincentes se cansarán de demostrar y de gritar los hombres de ciencia, los intelectuales y los sensatos sin ciencia, que las supersticiones son burdos productos de la ignorancia y del miedo; el miedo más difícil de combatir que la ignorancia.

Así, invencibles, persisten las supersticiones en este esclarecido, convulsivo y amenazado mundo nuestro, en el que es interesante observar como en todas partes los mismos liberados de viejas patrañas, materialistas, irreligiosos descreídos, continúan sin percatarse, pensando en la muerte con mentalidad que no ha dejado de ser primitiva...

El hombre es una criatura desconcertante y todos podemos dar fe de las contradicciones y absurdos de nuestro prójimo si no queremos confesar las propias. Lo lógico, racional, en lo más oscuro y recóndito del alma, suele mezclarse con lo irracional.

Recuerdo a un ateo muy sabio, tanto que se creía capaz de marcarle nuevos rumbos a las estrellas en el firmamento, negarse sin disimular su aprensión a ocupar un puesto en la mesa en que sería el decimotercero comensal.

Adviértase que el temor al número trece ha eliminado a éste en muchos hoteles norteamericanos.

Son raros los hombres y mujeres que reunidos enciendan distraídamente tres cigarrillos con la misma cerilla. En la mesa no se pasa la sal de mano a mano, y si a alguien se le ocurre se le pide que la deposite para tomarla sin... «salarse», atraerse desgracia.

En quien menos podría imaginarse influye caprichosamente lo que interpretado como un presagio, determina una conducta inexplicable. Una simple superstición se burla del buen juicio, del sentido crítico de un individuo de formación universitaria. No se cree en las brujas, pero como decía un catalán, «de que las hay las hay, ¡voto va Déu!»

¿Quién sabe qué realidad incomprendida, desconocida, se oculta en una superstición, o el recuerdo de qué experiencia anterior transmitido de generación en generación hasta el día de hoy? Inextinguibles, paradójicamente paso a paso con el progreso, como va la vida con la muerte, continúan ahora andando al ritmo acelerado de nuestra época las mismas supersticiones, renovadas o readaptadas, que no desaparecieron en el torrente del tiempo, como tampoco las prácticas inmemoriales de la Magia, las más primitivas y las de siempre, con sus talismanes, adivinos y espíritus. Ahora, en la era de las grandes conquistas de la técnica, de los inventos fabulosos, parecen recobrar los magos su antiguo prestigio y gozar de un favor que trasciende de la masa popular, que nunca dejó de serle fiel, a niveles más altos de la sociedad. Se comprende. En el fondo, la mayoría de estos hombres del siglo XX que han ganado materialmente lo que espiritualmente han perdido, se sienten inseguros, cercados de peligros imponderables que podrían destruirlos. El materialismo, la ciencia, no les aclara todos los misterios, y aquellos que por creer sólo en la ciencia perdieron a Dios, se consuelan de su ausencia buscando amparo por viejos caminos.

¿Se ha llegado al punto en que el hombre, desmoralizado, desorientado, confundido, vacío, cediendo a una secreta —inconfesable— añoranza de fe religiosa, necesita creer en algo sobrenatural?

Diríase que nunca le ha hecho más falta, negándolo, un poco de misticismo. Se explica que en la desolación, como escribió un viejo autor francés, «una superstición les vale una esperanza».

Que levante la mano quien ateo o creyente, culto o iletrado, en algún momento de su vida, aun impensadamente, no ha cedido, por amor, por odio, por ambición, por desdicha, a una superstición.

Los habitantes de nuestra Isla perdida, que es mágica, fueron en todos los tiempos y continúan siendo supersticiosos. Desgraciadamente más supersticiosos que religiosos.

Allá en Cuba nadie pasaba por debajo de una escalera, de

jaba abierto un paraguas dentro de la casa, ni ponía sobre la cama un sombrero.

Con las que heredamos de España, y desde luego con las africanas, se adoptaban las que venían de cualquier parte del mundo.

Al anotar las supersticiones más corrientes de nuestro pueblo mestizo, con ellas no omitimos los buenos consejos que agradecemos a quienes para bien nuestro nos los prodigaban con ingenua bondad y convencimiento.

Con idéntico y generoso propósito los transmitimos lo mismo al lector desocupado o severo que las ignora o desprecia, que al que las teme y observa.

La señal de la cruz protege de mal. Como durmiendo se está muy expuesto a ataques de muertos y de vivos, el que no rece también debe persignarse al acostarse.

Para salir a la calle de mañana conviene calzarse primero el pie derecho, y comenzar a andar con éste. Jamás con el pie izquierdo. Recuérdese que cuando se ha obtenido éxito en alguna gestión es proverbial decir que se salió con el pie derecho, y de lo contrario, con el pie izquierdo.

No es deseable que lo primero que se vea de mañana en la calle sea una mujer. Es preferible encontrarse a un acreedor.

Si tropieza con un bizco, pellízquese; si no va usted solo, pellizque a su acompañante.

Si a su paso un transeúnte arroja una cerilla al suelo y ésta permanece encendida, buena suerte.

No reírse de los tullidos, mutilados o personas deformes que se encuentre, mas si se topa con un jorobado, haga lo imposible, sin ofenderlo, por tocarle la joroba, y juegue a la lotería.

Cuando dos personas que se aman o se aprecian marchan juntas, y a mitad de la acera se encuentran un obstáculo, una de las dos le cede el paso a la otra sin bajarse de la acera, para que no las separe el Destino, es decir, ese obstáculo que lo simboliza.

Evite que un transeúnte pise la sombra que su cuerpo proyecta en el suelo. La sombra del cuerpo puede ser robada, como la voz, por lo que si de noche nos llaman y no sabemos quién, nos guardaremos mucho de responder.

No debe cruzarse por debajo de una escalera de mano, de esas que se utilizan en las construcciones, ni atravesar el séquito de un entierro pues las consecuencias son fatales.

Las esquinas no han de doblarse de prisa. Son muy traicioneras y peligrosas porque en ellas se estacionan malos espíritus, encargados de hacer daño, o sedientos de sangre, particularmente a las doce del día.

Hay horas que son nefastas. Y esto deben saberlo los que por fuerza trabajan en la calle o tienen que transitar mucho por ellas. Las seis de la mañana, las doce del día, las seis de la tarde y las doce de la noche (—«Ya a las seis de la tarde, en los lugares solitarios, pueden agarrarnos los nazarenos».)

Cuando desfila un entierro frente a una casa, quien esté en la puerta, en una ventana o en el balcón, se quedará mirando hasta que lo pierda de vista, y entonces lanzará un cubo de agua a la calle.

Los espíritus de los muertos generalmente turbados, sin darse aún cuenta de que ya no están encarnados, creen que van sentados sobre sus féretros. No es bueno, pues, mirar al ataúd.

Al noveno día de la partida del difunto puede aparecérsele a quien se fijó en él cuando estaba tendido.

Pero si se quiere contemplar a los muertos en el cementerio sentados en sus tumbas, se irá con una vela que haya ardido en un altar —en el del Santísimo— y se enciende allí; el curioso la colocará entre sus piernas, inclinará el cuerpo, volverá de lado la cabeza, y los verá.

Si por casualidad, ya anochecido, se ve un pollo negro sin cabeza en el patio de una casa, o en el camino, sepa que lo que ve es el Diablo.

—«Cuando se habla del Diablo suele vérsele la cola». Con esto se advierte el peligro que representa aludir por lo claro al Príncipe de las Tinieblas. En Cuba las personas prudentes, sobre todo las nanas negras, al referirse a él, le daban otros nombres... Pero esto pertenece al pasado, cuando el Diablo gozaba de prestigio, se le temía, y no se había convertido en lo que es hoy: ¡un pobre diablo!

Se emplean eufemismos para designar la muerte, la enfermedad, a espíritus malignos, al Diablo.

Morir se dirá «guardar el carro», «cantar el manisero». Al Diablo se le llamará «Patilla de chivo», «el Rabudo» —a la muerte «la Pelona».

Sin embargo, algunas creencias son tan persistentes que el 24 de agosto, día de San Bartolomé, aún se dice que el Diablo anda suelto. Es sabido que San Bartolomé, que lo tiene siempre encadenado, ese día lo deja en libertad y el Diablo hace de las suyas. En vista de lo cual se está prevenido. Rezad. Lo mismo ocurre en Viernes Santo.

A las personas que mientan mucho al Diablo, que emplean su nombre como término de comparación («hace un calor del Diablo», «se puso hecho un Diablo», «la situación está del Diablo», «tengo al Diablo metido en el cuerpo», «que me lleve el Diablo», etc., etc., etc.) cuando mueren o instantes antes de morir se les presenta el Diablo, si durante su enfermedad, en el caso de que ésta haya sido larga, no se les ha aparecido varias veces.

El Diablo asume la forma de un perro negro. Para hacer una brujería mortal no es extraño que a un «mayombero» lo acompañe un perro negro. Como a nuestro legendario endemoniado Conde Barreto, el de Agripa, lo acompañaba siempre un perro negro.

La enfermedad, efecto de la cólera divina, castigo divino, u «obra del Diablo». Aquí no estamos lejos del concepto cristiano de la Edad Media, que tomó de los judíos la creencia de que las enfermedades y epidemias eran obra del Diablo —idea que compartió Lutero, atribuyéndolas al Diablo.

Cuando se está obligado por la índole del oficio que se desempeña a hacer uso continuo del automóvil, aunque no sea «chauffeur», o a transitar el ómnibus —«guagua» se les llamaba en Cuba— debe llevarse una medallita de San Cristóbal.

Nuestro pueblo confía en el valor numinoso de las medallas de Santos que aún sin estar benditas lo protegen, a la par que los Cayajabos, los Ojos de Buey, semillas que además dan buena suerte. Las llevan hombres y mujeres en aros de oro, en llaveros y pulseras.

Prescindiendo de la eficacísima medalla o imagen de San Cristóbal, los «chauffeures» evitarían muchos accidentes utilizando una mezcla de manteca de corojo y de cacao, cascarilla de huevo y precipitado rojo. Con ella, eso sí, rezando tres Ave Marías y un Padre Nuestro, trazará una cruz en las cuatro ruedas del vehículo y las frotará a diario.

Las puertas de las casas más que con trancas deben asegurarse con la estampa de un Santo, de San Lázaro, o con un objeto que le cierre el paso a la Desgracia, a la Enfermedad y a la Muerte.

Antes, cuando había caballos y jinetes, el que hallaba en la calle una herradura —preferentemente mirando hacia uno—, al punto le pedía lo que deseaba, la recogía y se la llevaba como un talismán que la Providencia había puesto en su camino.

La herradura, con un lacito rojo, se colgaba detrás de la puerta para protección de la casa y de sus moradores. En la actualidad un citadino ya no tiene esa suerte.

Repetimos —una estampa de San Lázaro detrás de la puerta, seguramente, evita que la enfermedad visite la casa.

Si en las viviendas populares veíamos la estampa de San Lázaro acompañada de un pan o de una escobilla, en las más acomodadas se encomendaba su defensa al Sagrado Corazón de Jesús, y en la gran litografía que lo representaba se leía: «Dios protege este hogar».

El pueblo dispone de otros muchos medios de defensa que no son las estampas contra influencias nocivas que lo amenazan del exterior. Por ejemplo: para anular los efectos de brujería que por enemistad, venganza, o envidia suelen dejarse en los umbrales, lejos de amedrentarse el que descubre una, se lavará las manos con orines y la recogerá para arrojarla a la basura con la mano izquierda, o sencillamente orinará sobre ella.

«Adonde hay ruda, no van las brujas».

Los que saben han afirmado en el mundo entero que lo que se llama un vampiro, es un cadáver que de noche abandona su sepultura para ir a chupar la sangre de un vivo. Al primer canto del gallo, harto, el vampiro regresa a su tumba. Quienes los han estudiado dicen que la realidad o irrealidad de este ser siniestro se le debe a Rusia y a los pueblos eslavos. Hace más de dos siglos el Vampiro hizo temblar a Europa. Una húngara que emigró a La Habana hace muchos años —y que por la misma razón (el comunismo) ahora ha debido emigrar de Cuba— nos hablaba del terror que le inspiraban los vampiros.

En Cuba también existe el vampiro —con otras características y otro nombre. No es el cadáver incorrupto e insomne en el sueño de inmortalidad de su muerte, que deja su féretro vacío y va de noche en busca de sangre humana. En Cuba es un brujo o una bruja que se despoja de su piel como de un traje, se aprovecha de un durmiente indefenso (especialmente de los niños), les extrae la sangre y los mata. O se transforma en un pájaro, en un animal para hacer daño. A este vampiro, que es un producto del Congo, se le llama Ndoki.

Para librarse de estos Ndoki que producen la muerte por anemia, no es necesario, como se estila en otros países, cortarles la cabeza cuando son sorprendidos in fraganti, arrancarles el corazón y quemarlos. Lo importante es impedir que penetren en las casas, sobre todo en las que hay niños, y esto se obtiene por medios mágicos.

En la raza blanca el vampiro se reconoce, si es exhumado, en que sus carnes están frescas, intacto el cuerpo, sonrosadas las mejillas. Así aparecieron en La Habana algunos cadáveres en el antiguo cementerio Espada cuando fue vendido. Felizmente para los vecinos de aquella barriada en la que también moraban los leprosos de un Asilo, los cuerpos que aparecieron

15

en perfecto estado de conservación al recibir el aire y ser molestados, al instante se convirtieron en cenizas.

En fin, las numerosas historias que corren por la Isla prueban que los muertos pueden, en ocasiones, salir de sus sepulturas y mostrarse como eran en vida, materialmente, aun cuando se convierten en carroña y polvo.

Los gallegos, tan estrechamente relacionados con el pueblo cubano, son muy aficionados a la magia de los congos (Mayombe) porque en Galicia, decían, también se hechizaba con los muertos como en el Congo. Sus brujas, que llamaban Meigas, chinchonas, se asemejaban a los Ndoki chupadores de sangre de párvulos.

Por fortuna, a los Ndoki se les aleja, se les impide entrar en la casa, como a las Meigas, dibujando en el suelo, con ceniza, una cruz ante la puerta.

No se olvide, se nos repite, que una cruz es el arma que mejor defiende de todo lo malo.

Hay que precaverse contra los suicidas y ofrecerles misa para que no perturben a los vivos.

Rece cuando oiga a un enfermo delirar; si habla el agonizante es que habla con los muertos, lo cierto es que ya habla desde el otro mundo. El alma que ha de partir ha sido llamada del otro mundo y va a dejar el cuerpo como quien deja un traje, lo abandona antes de morir.

Colocando detrás de la puerta una escoba al revés, se hace descender de las alturas a la bruja que vuela. Es lo que se hace en Bayamo, y además para que no acudan a chupar la sangre de los recién nacidos que tanto les gusta, la madre con su hijo duerme toda la noche con una vela encendida durante cuarenta días después del parto, y hasta que se cura el ombligo de la criatura.

Barrer de noche atrae a la muerte. Por la misma razón no se ripian papeles ni se clavan clavos.

Los chinos —este es un informe de una cubana hija de chinos y sacerdotisa del culto a los Orishas— creen que no hay mejor «resguardo» para la puerta que un espejo pequeño. Rechaza inmediatamente el mal que intenta colarse en la casa.

Con el fin de alejar a una persona inoportuna o francamente indeseable, se aprovecha el momento en que ésta pase por la acera de enfrente o junto a la puerta para pronunciar estas palabras «¡que se la lleve Kolofo!» O bien, oportunamente se arroja sal y agua sobre sus pasos.

Para que no tarde en marcharse un «latoso», unas de esas visitas somnoríficas y que no saben cómo despedirse, se derrama un poco de sal en una escoba y se pone tras la puerta de modo que no la vea el visitante. O bien, como hacen algunos, la escoba se coloca al revés sobre un montoncito de sal. Este procedimiento es muy conocido. Y suele decirse:

> Una cucaracha muerta
> anda por aquí volando.
> Visita, vete andando
> que quiero cerrar mi puerta.

Para prevenir irrupción de intrusos, ladrones y «autoridades» —policías— allanamiento de morada, se preparan unos polvos que se consideran infalibles: excremento seco de gallina, almagre, ceniza, cascarilla de huevos, jutía y maíz. Estos polvos se soplan a la calle tan pronto en ésta se altere el orden representando un peligro o una molestia para quienes a tiempo los han preparado.

La escoba, que se considera un atributo de San Lázaro, es un objeto venerable y por respeto al Santo a nadie se pegará con ella, y menos a un perro que alivia con su lengua el ardor de sus llagas y es su fiel guardián y compañero.

No se dejará una escoba a lo largo del suelo, ni se levantará sin antes cruzar por encima de ella.

Siempre debe barrerse la basura de adentro hacia afuera.

Si por descuido barriendo se rozan los pies de una mujer soltera ésta no se casará; si tiene novio, «la escoba lo barre de su vida». ¿Qué hacer? Pues en el primer caso acudirá a San Antonio que «desfacerá el entuerto» ya que les consigue

17

novios a sus devotas y cuenta con una enorme clientela de casaderas de todas edades y cataduras que postradas a sus pies dicen:

San Antonio Bendito
mándame un noviecito.
Convenga o no convenga,
¡pero que venga!

Si el novio no aparece, en castigo, su devota le quita el niño Jesús que tiene en brazos.

Como los tiempos en todo han cambiado y las mujeres se valen por sí mismas, es muy posible que la clientela de San Antonio haya disminuido notablemente.

En cambio hace años, y no tantos, cuando las cubanas felices en su país ignoraban qué era un «vacuum cleaner», no cortejaban a los hombres como otras, ni remotamente soñaban en violarlos, San Antonio no daba abasto a las demandas que debía atender.

Las que empezaban a «vestir santo», arreboladas y sin novio, recatando sus verdaderos anhelos en sus plegarias al Santo, comenzaban pidiéndole salud y una buena muerte.

Había una «jamona» en Bayamo, se cuenta en aquel pueblo, que rezaba en alta voz. Un día, el cura la escuchó escondido detrás del altar.

—«¡Ay San Antonio, padre mío, depárame una buena muerte!»

—«Morirás de viruelas» —respondió el cura.

—«¡Ay, padre mío, bendito San Antonio, de viruelas no, no!»

—«Morirás de parto» —replicó la voz misteriosa.

—«¡Cúmplase tu voluntad, San Antonio bendito!»

Se le pide el día trece de cada mes.

San Antonio tiene un serio competidor en San Cucufate. Tramita noviazgos y lo mismo que a San Antonio las mujeres le rezan, le encienden velas y él las complace cuantas veces le es posible, pues ¿no han oído decir «a esa no la casa ni San Cucufate»?

Santa Helena procura maridos e impide que estos se marchen de sus hogares; cuando andan alebrestados logra que se tranquilicen.

La Oración de Santa Helena se recita a las doce de la noche y se escuchan en el silencio unas palabras que responden desde el exterior y se interpretan de acuerdo con lo que se le ha pedido a la Santa.

Mucho ayudan a vivir las oraciones.

—«¿A vivir sin pagar deudas?»

Si se tienen acreedores apremiantes, para calmarlos y hasta alejarlos, se recomienda la Oración de Caramanchel. Mientras molestan los acreedores, dos martes de cada mes se le enciende a este Santo una lámpara con aceite, ginebra y varias bebidas.

Muy apreciada de los viejos (y lo es aún de los entendidos) e inspiraba mucha fe en nuestro pueblo —tanta como la de la Cruz de Caravaca— la del Justo Juez, Fe, Esperanza y Caridad, el Santo Sudario, la Oración de las Tres Necesidades que aleja a la enfermedad y aplaca los ánimos.

Se cree que para hacerse invisible es indispensable llevar la oración del Justo Juez «San Kundiambo»...

Oración del Justo Juez: «San Kundiambo estaba en Dos Hermanos, cerca de Soledad, a una legua de Jovellanos, huyendo. Saliendo de La Guajira lo vio la policía y le cayó atrás. «¡Míralo, míralo, por ahí va!» Y la policía detrás de él porque decían que había querido ultrajar a una muchacha de alto rango. Estábamos a mediodía en casa, en el colgadizo. Frente había un cañaveralito, dos o tres abrojos, y allí apareció San Kundiambo. La guardia le tiró. El negro desapareció. Llevaba rumbo a La Fermina. Allí registró la guardia —¡perdido! A los 15 días San Kundiambo se dejó ver y volvió a desaparecer. San Kundiambo hizo temblar al pueblo de Jovellanos. Lo de hacerse visible a la policía y desaparecer y huir de ella sin que lo pudiesen atrapar lo lograba con la oración del Justo Juez».

Esto tenía lugar por los años 1906-1907.

Cuando se pasan trabajos, se carece de todo, se acude a

San Daniel que es muy milagroso. Su estampa se coloca abajo en la puerta, rozando el suelo. Se le reza y a medida que ayuda a su devoto y que éste prospera, se va subiendo su estampa una cuarta más arriba.

—«Eso sí, una vez que llega al techo, hay que bajarla a palos».

Para hallar objetos perdidos, se considera a San Dimas muy eficaz. Se ata el Santo con una tela o un cordel y se amarra a la pata de una silla o de una cama, y se busca lo perdido, no sin antes amenazarlo:

> San Dimas aquí te ato.
> Hasta que no aparezca...
> no te desato.

Con este sistema se obtienen buenos resultados. Pero hay quien sostiene respetuosamente que es mejor, en ocasiones, invocar a Santa Bárbara y pedirle mientras se busca lo que se ha extraviado:

> Santa Bárbara bendita
> pasa por aquí con una velita
> e ilumíname.

Las estampas e imágenes de los santos, si tardan estos en conceder sus favores, se vuelven de revés.

También para hallar lo perdido se le promete un «bailaito» a San Pascual Bailón. Cuando se encuentra el objeto que se busca, en acción de gracias se le baila un rato detrás de una puerta.

En Santiago de Cuba, donde la tierra tiembla, se rezaba la Oración al glorioso Obispo y Mártir, San Emigdio, abogado de terremotos y ruinas. Pero lo cierto es que este Santo no impidió que destruyera no sólo a Santiago sino a toda Cuba la catástrofe que ocurrió el 1959.

Si duele el vientre... ¡pronto la Oración de San Mamerto!

Si un viajero se extravía, lo orientará la Oración de San Cristóbal.

La Oración de Santa Inés libra de tentaciones y dudas al que la reza a solas en una habitación y le pide a la Santa que le responda con un sí o un no, al terminarla. La Santa contestará valiéndose del ruido de un coche que pase por la calle, el ladrido de un perro, una conversación, un canto.

(Los negros lucumí estimaban mucho esta oración, «que con ella sabían a que atenerse en caso de duda».)

La Oración de San Miguel Arcángel es tan poderosa, nos aseguran, «como el mismo Arcángel en persona».

Insuperable para vencer e invalidar a los malos espíritus y a los espíritus burlones. Anoto lo que nos cuenta un espiritista:

«Unos espíritus oscuros y burlones tenían mi Centro patas arriba. Un día en una sesión tuve la inspiración de llamar a San Miguel, que bajó y agarró[1] a una muchacha. Dio tres patadas en el suelo y habló. Los videntes vieron a San Miguel Arcángel con el Diablo a sus pies.

»—Me han llamado —dijo el Santo "montado"»[2].

»—Yo —le contesté— te llamé dándote el nombre de diamantino.»

»—Muy bien, porque bajo ese nombre puedo bajar del cielo sin pedirle permiso a Dios.»

»Se averiguó que quien hacía todo lo malo en mi Centro era una hermana del Director. Tenía facultades e instaló otro Centro espiritista por su cuenta, pero observando que el de su hermano prosperaba y el de ella no, empezó a obstaculizarlo todo mandándonos el espíritu de un mulato que había sido en vida muy divertido, un tropa, un bromista que lo enredaba todo y nos hacía tanto daño como los otros espíritus atrasados. El Arcángel lo descubrió y resolvió el problema. Siempre vence al enemigo y lo hizo huir de allí.»

Durante el mes de mayo la Virgen María concede con más gusto cuanto se le pida.

1. Se posesionó.
2. En posesión del médium.

21

Las lluvias de este mes tienen virtudes embellecedoras que Nuestra Señora les transmite. Para buena suerte y salud rezarle y mojarse la cabeza y la cara con las del primer aguacero que cae (los que se laven en esa agua conservarán la frescura del cutis y no envejecerán. También hace crecer el pelo).

> Agua de mayo
> crece el pelo.
> ¿Quién te lo dijo?
> El lucero.

Sacramentan y dan fuerza a los «trabajos» de Paleros y Santeros.

Quien desea tener casa propia se la pide a Nuestra Señora de Loreto rezando su Oración los días diez de cada mes. (Ahora la Virgen de Loreto es aviadora —Patrona de la Aviación—, pero sigue dando casa si se le insiste.)

Lo primero que se hace al tomar posesión de una casa, o al mudarse a otra, es prender la candela y poner sobre ésta una lata con agua para que en el nuevo domicilio, implorando el favor de Dios, no falte que comer. Y por la misma razón antes que los matules deben entrar en ella el carbón y la manteca. Si se tienen familiares en el otro mundo no dejar el fogón encendido. Basta con un poco de fuego para que las almas de esos queridos difuntos caigan en el infierno y ardan en sus llamas.

Varía el curso afortunado de un asunto colgar la ropa al revés, o guardarla doblada al revés en un armario. Téngase en cuenta.

Cuando por distracción se viste un traje, una camisa, una prenda interior al revés, es conveniente no quitarla hasta que no den las doce del día o de la noche. Se evitan complicaciones.

Si una mujer está cosiendo y un hilo se le enreda en el pelo, es que están en camino para ella noticias buenas o malas.

Vestir exactamente igual que otra persona es harto peligroso. La muerte podría andar persiguiendo a una y confundirse por la similitud del atuendo y llevarse precisamente a la que no busca.

Tuerce la suerte cruzar las manos y apoyarlas sobre la cabeza.

Gratuitamente, aunque se ignore por qué motivo, no dejarse tocar la cabeza y mucho menos permitir que se toque la de un niño.
(«Porque en la cabeza está algo sagrado que Dios puso en ella.»)

No beban tres personas en la misma copa.

No se enciendan tres cigarrillos con la misma cerilla. La última que enciende morirá.

Si se quiere sorprender el secreto de un amigo, o de cualquiera que le interese, beba de su copa.

Porque entorpece la suerte, es una pésima costumbre que tienen muchos, se nos insiste, cruzar las manos y mover en redondo los pulgares, cruzar y descruzar las piernas o sacar y ponerse el anillo que se lleva en el dedo.

Fatal perder el anillo o la sortija que se recibió en prueba de amor o de amistad, o la joya que se ha heredado.

Con un gesto se hace mal o bien. Es una vieja creencia que remedando una puñalada se apuñala al individuo que se odia; que apretando idealmente el gatillo del revólver que se simula, se le mata.

El que describe una agresión poniendo en ello toda su mala voluntad se expone a su vez a ser atacado... y perecer.
Estos gestos, como las maldiciones, pueden volverse contra quien las formula.

Igualmente, el que describe el mal que aqueja a otro no indique en su cuerpo la parte dolorida de ese enfermo: corre el riesgo de contraer, trasladándolo a sí, el mal que aquel padece.

Se aconseja como un gesto eficaz de defensa: cruzar las

manos sobre el vientre. Y para alcanzar lo que desea, primero se frotarán hacia arriba las piernas, el medio del vientre y los brazos repitiendo: «¡para mí!», «¡para mí!».

Con el fin de que no falte nunca el alimento en un hogar se reza la Oración de San Cayetano los días dos de cada mes y se pone detrás de la puerta un saquito con frijoles negros. El día que se reza la Oración, al levantarse y antes de cruzar con nadie una palabra, se va a la puerta de la calle, se da tres veces con el nudillo en ésta y tres veces se ruega al Santo: «dame salud y fuerza».

Sufrirá de hambre quien le niegue la comida a un menesteroso o lo desprecie.

Otra manera muy usual de asegurarse el alimento: la mujer, o quien guise en la casa, que no olvide de echar en el suelo, o poner de lado, un poco de la comida que prepara. Con esto se le dan gracias a Dios.

Con idéntico propósito se deja un poco de comida en los platos para las Ánimas del Purgatorio. Y cuando se bebe se vierten unas gotas para los espíritus.

Muchos no recogen el vino o el refresco que cae en el suelo porque son las almas de los muertos los que las derraman para beberlos.

Sobre los alimentos que se derraman, mucho se recomienda que no se recojan en seguida, porque algún espíritu hambriento puede necesitarlos e ingerirlos de inmediato.

De mal augurio es que el aceite se vierta (lo mismo que la tinta y el café). Alegría que se derrame el vino. (Mojarse con él la frente.)

Presagia serios disgustos en el hogar el cuchillo que cae al suelo. Tampoco favorece la suerte revolver la comida con uno o meterlo en las cazuelas. Da origen también a discrepancias, litigios y odios irreconciliables en la familia, introducirlo en un horno o en el fuego.

Malísimo: cruzar el cuchillo con el tenedor. Por eso nos

enseñaban, sin explicarnos la verdadera razón, que «no era fino» al terminar de usarlos colocarlos en el plato formando una cruz. Esto aterraba nada menos que al Emperador Federico el Grande, que también le temía al número 13, como tantos otros personajes, artistas y escritores.

El pan es sagrado. Todos los panes están benditos por Dios. De caer uno, inmediatamente se recoge, se besa y se le dice: Bendito pan bendito.

Para mantener puro el ambiente de la casa, y en paz, si en el suelo se derrama un poco de la sangre que brota de una herida, ésta ha de limpiarse cuidadosamente y de inmediato, sin dejar la menor huella.

¿Qué es la sangre sino la vida?

La sangre puede ser aprovechada por algún malvado, un brujo o un espíritu oscuro para causar daño.

Si se trata de la sangre que brota de un asesinado, su alma en la sangre queda allí, penando y haciendo penar a los demás.

Mala sangre, sangre impura de influencia perniciosa la que fluye de las mujeres durante el período menstrual. En esos días, si son pianistas las mujeres, desafinan los pianos. Es bien sabido que la salsa mayonesa que éstas preparan se corta invariablemente, y la leche se agria si la tocan.

En una comida la influencia del menstruo de alguna invitada puede hacer que un buen vino sea susceptible de avinagrarse.

Una mujer menstruando no debe vestir a un muerto. Se les retira el período para siempre. Tampoco tocarán objetos religiosos. (Esto se observa rigurosamente en las «Reglas» o Sectas africanas.)

Toda caída es de mal augurio. Una persona que cae debe tomar sin tardar un poco de tierra desleída en agua. («No sea que la tierra la esté deseando.»)

Llama a desgracia hacer girar una silla sobre una de sus patas, así como mover sillas, mecedoras o hamacas vacías. En los actores es muy frecuente el temor de que se gire una silla durante un ensayo.

Enredar, dar vueltas a un llavero. —¡Cuidado!, surgen complicaciones en los negocios, o problemas domésticos difíciles de resolver.

En mala situación, atravesando momentos difíciles —y si duele el cuerpo, la cintura— no se retuerza la ropa que se lava, ni se arrastre nada, una silla, un bulto...

Para mantener la casa libre de malas influencias se ha de quemar con frecuencia incienso de iglesia. Es el mejor depurativo.

Para granjearse el favor de los Muertos y de las Ánimas del Purgatorio, desde la primera noche que se ocupa una casa se dejará una vasija con agua fresca para que beban si entran en ella sedientas.

A los muertos se les ofrece también comida en el retrete y se les prende una vela.

Para los espíritus de la calle, un poco de comida en las esquinas. («No es necesario que sea mucha.»)

Al aparecerse un muerto debe tenerse el valor de preguntarle: «De parte de Dios y de la Virgen, alma del otro mundo, ¡di qué quieres!» Si el fantasma habla no se le responde e inmediatamente desaparece.
Contra los aparecidos, valor. El valor los anonada.
—«Ni en su casa, ni en la ciudad, ni en el campo, si un día cerca de una de esas palmas jimaguas tan misteriosas, ve usted que viene a su encuentro un perro negro que se agiganta, no le tema aunque lo tenga delante. Ni en el río, si una mujer vestida de blanco en la orilla lo sigue todo el camino, finja ignorarla. Si lo llama o le habla, dé la callada por respuesta.»

Valiente y por demás descreído era un vecino del pueblo de Consolación del Sur. No creía en aparecidos ni en historias semejantes, pero una noche lejos del poblado se cruzó con una mujer muy extraña que le impresionó, y jactándose de su valor consigo mismo le preguntó:
«—¿Quiere que la acompañe?
»—Si no tiene miedo —contestó. La mujer apretó el paso

26

y crujiéndole los huesos lo iba conduciendo al cementerio. Entonces el hombre puso en juego todo su coraje. Se detuvo. »—¡Con Dios! —gritó, y la extraña mujer desapareció como de humo.»

Esos encuentros con mujeres por caminos solitarios son tan temibles porque esas mujeres son espíritus de muertas ansiosas de apoderarse de los vivos. A unos estos encuentros nocturnos les han hecho perder el juicio, a otros la vida.

Si el alma de un difunto está instalada en una casa, para que se marche por consejo de la Virgen de la Candelaria, se hace una hoguera en el patio, se dan vueltas en torno al fuego y se arroja agua a la calle. La hoguera se apagará con gran cantidad de agua.

En los retratos de los muertos misteriosamente se refleja su estado: si gozan de paz, si penan, si se han liberado de sus ataduras materiales. Tan pronto se observa una alteración en el retrato de un finado, si palidece, se cubre con una rama de paraíso y se le ofrece una misa.

Mala costumbre la de hablar a solas sobre todo de noche. Los muertos —o el Diablo— responden. Tampoco debe silbarse. Africanos, criollos y sus descendientes en la actualidad se abstienen de hacerlo para evitar las bromas desagradables o crueles de un dios llamado Eleguá, al que sacerdotes y sacerdotisas de la Regla o Secta Lucumí llaman con maracas, con tres silbidos o pegando tres puñetazos en el suelo.

Si es cobarde el individuo que expresa en alta voz sus pensamientos en la soledad, corre el riesgo de llevarse un susto que le paralice el corazón. Si no habla a solas, pero es nervioso, impresionable, esa persona que no se acerque de noche a las cañas bravas. Éstas hablan, conversan como la Palma Real y la Ceiba, depositarias de tantos misterios y a la vez moradas de espíritus y santuarios de divinidades.

¡No! No hablar a solas; pero hay palabras, nombres, calificativos que ni en compañía deben pronunciarse. Téngase muy en cuenta. A nadie se le llamará pobre. Séanos permitido extendernos más de lo que quisiéramos sobre este tema.

—«¡Pobre, pobrecita!», me aconsejó hace mucho tiempo mi viejo Bamboché: «No se refiera ni le diga nunca a nadie que es pobre; pobre ni por cariño, y mucho menos por lástima, sea quien sea y pase lo que pase. Oígalo bien, nené. Si ve un manco, un cojo, ¿pobre?, ¡no! Esa mano, ese pie que le falta por algo lo perdió: con la mano o el pie hizo algo malo. Si ve a un ciego, se quedó a oscuras por alguna falta que cometió y ahora está pagando. Mi padre me enseñó que no hay pobres, sino ¡culpables! Me regañaba cuando me oía decir pobre fulano o pobre mengano.

Ésta era una enseñanza africana y yo a nadie le llamo pobre.

Cuando tuve en mis ojos juicio con que mirar las cosas del mundo, comprobé que era verdad esto que nos decían los viejos de nación. A quien yo llamé pobre me hizo traición. La que a mí me hizo traición pobrecita me parecía y por pobre la quise, y yo decía ¡ay, la pobre Asunción! Acabó puta perdida, por su gusto, la pobrecita Asunción.

Era hermana de Pantaleón. Y yo lo reprendía: ¿por qué no te ocupas de ello? Pantaleón, ¿no te da pena tu pobrecita hermana que sale a la calle con los botines recortados y que tú ganando un centén diario en la tabaquería la tengas tan desguarnecida?

—¿Pobrecita? Si quiere salir a figurinear que se eche un marido.

Le conté a mi madre:

—Le dije a Pantaleón que me daba pena su hermana que anda como una pelandrusca, y me salió con esa patochada...

—¿Qué te importa eso, hijo?

Yo tenía casi todo preparado para vivir con una tal Juana y por darle en la cabeza a Pantaleón enamoré a la pobre Asunción. Empecé por vestirla y calzarla. Fui a la tienda y le compré una tela de ajo. Mi madre le hizo camisitas, corpiñitos y pantaloncitos. (Antes las mujeres usaban pantalones, ajustadores, camisetilla de hilo en el verano y de lana en el invierno, camisón, corsé, corpiño, sayuela y saya.) Le llevé tela a Serafina que era una morena elegante —morena de malacó y pericón— y le hizo dos vestidos. Y alquilé un cuarto. Nos arrimamos. Llegaron las fiestas del Espíritu Santo, los tambores ararás. Y las amiguitas empezaron a tirarle puyas por lo bien puestecita, y una le dijo:

—¡Encartonada, dale gracias a Calazán!

Al oír aquello Asunción empezó a hablar malo. De un común no salió nunca tanta peste como de aquella boca salieron palabrotas.

—¡Cálmate! ¿Qué más te da que te digan almidonada? El almidón lo gasta todo el mundo, hija.

Tres años vistiéndola y engordándola y V. verá cómo me pagó... La agarré en el lazo. Estaban las tabaquerías muy mal y me fui al muelle a trabajar. (Entonces yo era ñáñigo [1] activo.) Tenía un amigo: Enrique. Éste llegaba a casa y si le hacía falta un pantalón para ir a bailar, se ponía uno mío. Si no llegaba a tiempo a comer cuando andaba bruja [2] se le guardaba su plato de comida. Yo tratándolo siempre con legalidad, como a mi mejor amigo.

Un día le regaló a Asunción dos pares de medias de seda.

—Mira, Caca (ella cuando estábamos solos me llamaba Caca por cariño), mira lo que me regaló Enrique.

—Está bien.

Y es que me pareció bien el presente; no me vino lo malo a la idea.

Una semana después, llego al muelle. Entonces se iba a trabajar a las tres y media. Me dice el Capataz que acabando la descarga había que cargar azúcar. Cargando se ganaba más que descargando. Acabo el trabajo a las once y me voy del muelle de Caballería a casa, en la guangüita.

—Anda, pronto el almuerzo. Si esta noche no vengo es que estamos cargando azúcar.

De cuatro a cinco de la tarde nos dan la orden de parar hasta el otro día. Bajamos a tierra y me subo arriba de una tonga de sacos de arroz a jugar a la baraja con dos compañeros.

A las nueve llego a casa con mi chaquetón y mi cantina y pongo en la batea, en el patio, chaquetón y cantina. La encargada del solar me figuro que no tuvo tiempo de avisarle

1. Miembro de una sociedad secreta fundada en Cuba en el Siglo XIX por esclavos del Calabazar.
2. Pobre.

29

a la pobre Asunción. La puerta de nuestra accesoria estaba entreabierta. Empujo y me la veo acostada como su señora madre la había dado a luz, y a él, mi amigo Enrique, abrazadito a ella. Estaban reposando. Tranqué la puerta. Levanté la luz. Les grité: ¡Arriba!

Ella todo se le volvía:

—Perdón, Caca. ¡Ay, mi Caca!

Lo que marca la Providencia, niña. Si pierdo la cuanimidá, ahí mismo muere Sansón y muere Kafunga.

La señora se vistió.

Entonces le dije suavecito: —Haz ahora tu burujón. Mete aquí la ropita —la de la niña— porque teníamos una hijita. Aquí las tres almohaditas y carga el burujoncito, carga la niña y sale derechito por esa puerta.

Estos son los golpes que tenemos que recibir los hombres.

Los vecinos oyendo y esperando la que iba a armarse. Yo me porté como un caballero de novela, y no se armó nada. Ella se fue, él se fue, y yo me senté en la comadrita a fumar y a mecerme.

Luego cargué unas latas de agua y me lavé en la batea, a quitarme el azúcar, pues volvía del muelle hecho una melaza, me vestí y cuando salía al café a jugar como siempre una partida de dominó, llegaba el otro hermano de Asunción: Justo. Ése donde le picaba la pulga ahí mismo se rascaba.

—Cuñado —me dice—. Tú no has procedido bien. Si soy yo los mato a los dos.

—Que los mate Dios. Después de todo me han hecho un favor.

Fui a ver a mi madre.

—¿Qué piensas hacer con Asunción?

—Nada.

—Hazte cargo que tienes una hija con ella y que esa niña es mi nieta.

—Asunción sabe lo que ha hecho.

El galán, Enrique, apenas me veía salía corriendo. Un día lo agarré por los hombros: —¡no me tengas miedo!

—Tú te figuraste lo que no era...

—No tengo cataratas y nunca he necesitado que me pongan

30

lagañas de perro en los ojos para ver claro, Enrique: si un día llegas a tu casa y me encuentras con tu mujer...

—¡No digas eso!

—Te acordarás entonces que donde las dan las toman.

Enrique tenía una mujer, Eligia, y la quería tanto que si había que robar para vestirla, robaba. Y desde aquel día, yo detrás de Eligia. Eligia que no, «¿por quién me toma V.? Calazán, V. se equivoca...» Pero yo a enamorar a Eligia. Le gustaba mucho el baile. Aquella negra si no podía ir a un baile se enfermaba. Ahí cayó. Felicia Núñez, que vivía en los Sitios, daba las grandes fiestas. Bailes públicos, pero muy sonados. Y, aunque me esté mal el decirlo, era bailador de fama. En el bailar y cantar no había quien me pusiese un pie delante. Por el baile llegó el desquite. Cuando Enrique supo lo que había entre su mujer y yo, cuando la correa le cogió la espalda, aquel hombre se volvió loco.

Eligia vivía en Misión 76. Enrique trabajaba en los muelles. Llega una noche... Yo, esperando el encuentro y por si había que correr, estaba vestido. Eligia tenía calor. Entra Enrique. Me siento en la cama muy tranquilo. «—¡Eh, quieto!, le grité. No hay que pelear. Cuando tú lo hiciste, ¿yo qué te hice?»

«—¡A la calle! A ti no te haré nada, a ella sí.»

Vino todo el solar. Le quitamos a Eligia de las manos. Lo llevaron a la celaduría, luego al hospital y después al manicomio.

¿Pobre Enrique? ¡Ahora pobre!

Pero luego me tocó a mí. Asunción me tuvo ocho meses comiendo basura, cananganúo, piojoso, barbudo, durmiendo en la calle y medio chigui (loco). Claro, me mandó un brujazo. Tuvieron que llevarme al campo a curarme.

«—Esto que ella te ha hecho te lo pagará.» ¡Y me lo pagó!

Luego, cuando la vi sentada en la acera, pidiendo medio para aguardiente (nuestra chiquita había muerto), no pude contenerme y le dije:

«—Yo no te hice mal y tú, ¿por qué fuiste al brujo y me tuviste temblando y arrastrando chancletas?»

—Yo pobre...

Aunque le digan que no, todo se paga. Cuando alguien me

31

ha hecho daño lo he mirado y me he reído. Luego me han dado la noticia: —que Fulano, aquel que te jugó aquella mala pasada, se murió. ¡En paz descanse!

Bacalao me traicionó con el bodeguero; armó un chisme y me puso a mal con el gallego, que me cerró el crédito. Me callé. Lo seguí tratando. Pero un día me dice: «Cala, estás malo. Este hombro lo voy a poner para ti, como lo he puesto para los demás.»

Tenía una lengua que cuando le decía a uno «te voy a llevar al cementerio», lo llevaba de verdad, y lo dejaba acostadito en iboyi, o como decía el congo, en bokalanda (en la tumba). Pero me vinieron a buscar para cantar en el Arpa de Oro y en la canturía se me desvaneció el dicho de Bacalao.

Llegó ¡fachein!, el año nuevo, y Bacalao (¿el pobre?), que venía con una canasta, se cayó, se rompió la crisma y se murió. Voy a su casa. ¡Que no hable!, recomendó el médico. No tenía ya que decir. A las nueve en punto, okuo. Dios me perdone. Fui al velorio. Quien puso el hombro para él fui yo. Lo cargué hasta la puerta del cementerio. Lo bailé con satisfacción.

> Uno, dos, tres, iqui-jinqui, uno, dos, tres
> tu no quiere, tu vá pa llá
> un chi, un chi, un chi...

Cuando llegamos a la fosa, cogí la pala, se la entregué a otro y me fui en seguida, pensando que en la bodeguita estaría todavía la policía esperando para darnos de palos o dispararnos a los pies, porque habíamos ido cantando, regando aguardiente y bailándole a Bacalao el inqui-jinqui que a él le gustaba tanto cantarle al prójimo, y que a mí —¡Dios lo tenga en su Santa!— no me cantó. Nadie es pobre de compadecer, niña. Culpable, sí.»

Añádase a la advertencia anterior tan convincentemente ilustrada por Calazán Herrera, una razón indiscutible para no llamar pobre a nadie: la desgracia caerá sobre quien no es infeliz ni pobre. Si es pobre, será más pobre; si es infeliz, mayor será su infortunio. Compadézcase en silencio.

Tanto como hablar a solas, es peligroso, y nadie debe hacerlo, mirarse de alta noche al espejo. Los que tienen «malos ojos» se aojan a sí mismos; los clarividentes ven a los muertos, al Diablo y a toda suerte de monstruosidades.

El espejo que se quiebra solo, lo parte un muerto que se cree vivo y de pronto ve en sus aguas su imagen neblinosa, indefinida.

Si un adulto —o un niño— escucha en una habitación vacía una voz confusa una vez, y otras claramente pronuncia su nombre, que guarde silencio. ¡No responda! Es que lo llaman del más allá. «Y por la voz se lo llevan.»

Para evitar una desgracia segura, los espejos rotos se entierran. Si es posible se echarán a un río.

La juiciosa costumbre de cubrir los espejos ya se había abandonado en Cuba muchísimo antes de que comenzaron a tenderse los cadáveres en las funerarias. Antaño se tapaban los espejos en las casas enlutadas. Buen cuidado se tenía entonces de colocar el féretro en dirección a la calle; jamás hacia el interior de la casa para que el espíritu del finado no permanezca en ella.

En el hogar que está de luto por la pérdida de uno de los miembros de la familia, es de aconsejarse, para que éste se marche tranquilo, se sienta acompañado y no venga a perturbarlo, ¡o a llevarse a alguno!, tomar con una cinta de hiladillo o un cordel, las medidas de sus parientes o amigos más íntimos, y depositarlas dentro del ataúd.

Especialmente la talla del que más quería el difunto o de aquél con quien estuvo más unido durante su enfermedad.

Esta costumbre prudentísima y... tierna, que en el pasado llamó la atención de los extranjeros que visitaban la Isla, no había dejado de observarse antes del catastrófico 1959, y es posible que no se haya abandonado.

Jamás se dejará un cadáver con los ojos abiertos. En ellos queda la imagen de seres queridos que atraería a la tumba.

Muy provechoso para el muerto y para sus dolientes —como se hacía cuando se era más respetuoso... o más prudente—

encender durante nueve días las velas que quedan de su tendido. Durante esos nueve días no se fornica, y en señal de luto, permanecerán cerradas puertas y ventanas.

La vela que se le enciende a un difunto, o con la que se le ruega a San Lázaro en los hogares del pueblo, se coloca en el excusado.

No situarse a la puerta de una funeraria o de una casa en que haya un tendido. Se recogen influencias nocivas del difunto y de los espíritus que estén junto a él.

Los que asisten a un velorio que no elogien nada. Si alguien, por ejemplo, comenta: «¡qué lindas flores!», se dice: «¡como para él, o para ella!»

Después de un entierro, de regreso los dolientes, se purifican con salvadera, escoba amarga y paraíso. O preparan un sahumerio de incienso, mirra y alcanfor y se impregnan el cuerpo con su olor.

Deben abstenerse los enfermos de asistir a velorios por mucho que en estos pasen un rato distraído, ni a entierros aquellos que, parientes o íntimos del desaparecido, se encuentren en mal estado de salud.

No se permitirá que los niños permanezcan solos o entren en una habitación vacía después que en la casa ha fallecido una persona. Se exponen a que se les aparezca ese difunto y que sin agredirlos materialmente les provoque la muerte en tiempo indefinido.

El que hereda la propiedad de una casa, debe pagar las deudas pendientes de la persona que testó a su favor, pues así acrecentará su fortuna. De lo contrario, el muerto enojado se le aparecerá y le pedirá que pague. No olvidará el heredero de ofrendarle maíz al finado el día de difuntos.

Si de noche hay un fantasma en la habitación en que esté prendida una «chismosa» o una vela, la luz se vuelve azul como cielo de noche de luna. Rece para que desaparezca.

Jamás encienda tres ni cuatro velas en una misma habitación.

Cuando se entra en un aposento que ha estado cerrado e inhabitado, debe mirarse de soslayo, entornando los ojos, para evitar contemplar o enfrentarse de repente a una presencia misteriosa que podría enfermarle.

En toda habitación vacía y a media luz, alguien invisible, incorpóreo, está presente. Hágase la señal de la cruz.

No guardar en las casas loza ni cristales rotos, ni botellas vacías y destapadas. La muerte se introduce en éstas. Los platos, fuentes, tazas astilladas o rajadas provocan ruina. Deshacerse también de bombillos fundidos.

Evítense las flores amarillas en el interior de la casa: favorecen el desarrollo de enfermedades del hígado que ponen la tez amarilla. Pero las flores amarillas, especialmente los girasoles, no dañan a quienes son hijos, hijas, o devotos de Ntra. Señora de la Caridad del Cobre —Ochún.

Siembre verbena y mejorana. La verbena procura alegría.

Es evidente que la ruda rechaza las brujerías y a las brujas.

Si en su casa ha crecido un cardo, y sobre todo a la entrada de ésta, no cometa la imprudencia de arrancarlo. Poca gente ignora que el cardo, como la ruda, defiende de brujos, brujerías y malos espíritus.

No siembre en su jardín planta que haya arrancado de raíz sin dejar un centavo en el lugar en que crecía y pedirle permiso para llevársela.

Nuestro pueblo razona por analogías. Sabe que las plantas, tan beneficiosas, agradecen como los humanos que se las trate con cortesía. Son muy sensibles a las atenciones que reciben, y como en todo en la naturaleza, reside en ellas un espíritu, y no deben arrancarse ni tomarse de sus hojas, sin solicitar su autorización y en señal de homenaje dejarles el tributo de unos centavos. Sus virtudes profilácticas y curativas las han puesto en ellas Dios y los Santos a servicio y para bien de la humanidad.

Como los seres humanos, los árboles tienen buenas y malas cualidades. Algunos, los que dan mala sombra, o los que no quieren frutecer, hay que castigarlos. Por ejemplo, a un arbusto, el guao (Comocladia dentada Jacq) —que también crece en este país (USA)— para que no hinche con su sombra o por contacto, se le da de palos, se le insulta y se le escupe. A los árboles buenos, se les mima y afama.

Nadie sospecha al derribar un árbol qué vida humana se podría estar segando.

Hay árboles, enredaderas, arbustos, y aun yerbas, muy humildes, que son de temer y bajo los cuales, o en su proximidad, las madres que no lo ignoran no dejan jugar a sus niños. Por ejemplo, las ceibas majestuosas, que solos no se les acerquen, no vayan a juntárseles, a seguirlos, o incorporárseles un Abikú u otro espíritu oscuro, pues la ceiba alberga todo género de espíritus, buenos y malos, y en consideración al peligro que representa el Abikú, tampoco las mujeres embarazadas o con niños en brazos se expondrán a andar cerca de ellas a las doce del día, ni a las seis de la tarde.

¿Quién es, qué es el Abikú? Es el niño que nace para morir a los pocos meses de nacido, o aquel que teniendo hermanos los sobrevive a todos, haciéndoles perecer, ignorando que su espíritu es el de un Abikú, que él es... un Abikú. Son hijos de Iroko, el dios de la Ceiba, árbol sagrado.

Para que el Abikú no se marche se le envuelve en un género rojo o blanco y se le canta: Olem Kokoibe Omokekere Koni wa umbo... Ko da Ko da.

El primer fruto de un árbol no se come. Es de Dios.

Las telas de araña dan suerte y deben conservarse. Evitan que se infecten las heridas aplicándolas sobre éstas.

(«Un Coronel de la Guerra de Independencia, propietario de una gran hacienda que bordeaba el río Cauto, Oriente, no permitía que sus sirvientes las quitaran de su casa.»)

Ver una araña por la mañana: penas, preocupación; al atardecer o de noche: suerte, esperanza.

Los grillos verdes también dan suerte, sobre todo si entran

en la casa, se encuentran en la puerta o si nos saltan encima. Son portadores de una esperanza. De ahí su nombre: Grillo Esperanza.

Tampoco deben espantarse ¡mucho menos matarse!, esas lagartijas blancas, transparentes, llamadas Salamandras, porque al introducirse y habitar en la casa le llevan felicidad. Sin razón, no obstante, se decía que teniendo la virtud de no quemarse en el fuego, era causa de incendios y quemaduras. Malo: los camaleones dentro de las casas.

Los elefantes de adorno, de cualquier material que se fabriquen, pero con la trompa alzada, conviene colocarlos frente a la puerta de entrada de las casas para impedir que penetre lo malo. Otros dicen que se deben poner con la trompa alzada hacia dentro para que no escape la suerte de la casa.

Mucho cuidado con las muñecas que se reciben de regalo y que confiadamente se tienen de adorno en la casa; se utilizan como instrumentos mágicos para fascinar, o transmitir males. Aunque es muy conocida (y utilizada) esta vieja práctica de magia simpática, son muchas también las personas ingenuas que han padecido sus efectos. ¿Quién creería que una bruja o un brujo, allá en Cuba y ahora aquí en el exilio, con una muñeca de trapo, ambos hacen lo mismo para lograr su objeto que un hechicero de la Europa Medieval, o siglos antes de Cristo, un egipcio, un asirio, un romano? Con el propósito de seducir y avasallar, es típica en Cuba la muñeca que representa a una negrita en ciertas operaciones de magia amatoria.

Se emplean también muñecas para matar, sometiéndola «bautizada» con el nombre de la presunta víctima, a los clásicos alfileretazos que se daban a las muñecas de cera de la magia europea, y el maltrato, las heridas, las recibe en su cuerpo la condenada a padecer y a morir.

Desconfiar pues de los muñecos que bien embrujados ejercen de cerca su poder y se adueñan de la voluntad y conquistan o enferman; separan matrimonios, introducen la discordia o la desgracia en un hogar.

No dar retratos a todo el mundo, porque con ellos se hacen

terribles maleficios. Es un peligro que corren los que salen retratados muchas veces en los periódicos.

No regalar ni llevar una sortija con una piedra negra. Regalarla, sí, cuando se desea causar un daño a quien se le obsequia.

Jamás a un buen amigo se le regalan unas tijeras. Se corta la amistad.

Para cortarle la lengua a los chismosos, calumniadores y maldicientes del barrio, las tijeras se dejan abiertas de noche en una habitación.

Así abiertas en el suelo, también provocan riñas entre mujeres.

El que roba unas tijeras corta también su buena suerte.

En el pueblo de Consolación del Sur por medio de las tijeras se sabe a qué sexo pertenece el niño que va a nacer. Se lanzan al suelo. De caer abiertas, nacerá una niña, cerradas, un niño.

Las tijeras no se dejan al alcance de la mano de quienes nos sean desconocidos. También se emplean mucho para embrujar, de modo que con el fin de evitar un maleficio, sus dueños de vez en cuando deben lavarlas con hojas de piñón y yerba escoba amarga. Durante cuatro días las untará de manteca de corojo y las guardará durante un mes. El peligro queda conjurado.

A nadie se den tijeras, ni ganchos ni alfileres. Ni sal. Por el mismo motivo.

Los relojes que no funcionan traen mala suerte. Precisa hacerlos funcionar continuamente.

No poner el sombrero sobre la cama. Atrae al médico. Ni bolsas en el suelo porque no se tendrá dinero. Es harto sabido de todos hasta qué punto es nocivo dejar abierto dentro de la casa el paraguas mojado con el que nos hemos protegido de la lluvia.

En cuanto a los zapatos, no es prudente guardarlos en sus

38

cajas. (Ña Mercé tan sabia, nunca «ni cuando era figurina y se los compraba de a centén» los guardó en sus cajas). Razonamiento: las cajas de zapatos son como las cajas de muerto. A la muerte que no se nos aleja, atenta siempre a llevarnos tan pronto se le presente una ocasión, al guardar en cajas nuestros zapatos, podemos sugerirle la mala idea de meternos en una caja a nuestra medida y enterrarnos antes del tiempo que nos esté marcado.

Recibe un regalo el que se pone de revés una pieza de vestir.

Afecta a la economía doméstica, impide que el dinero entre en la casa, dejar abierto el cajón de algún mueble.

Las telas de araña atraen al dinero.

Para tener dinero: echar una cabeza de ajo al fuego. Rezarle a Santa Eduviges que lo concede.

Continúa siendo un indicio de que se va a ganar o a recibir dinero sentir picazón en la palma de la mano.

No se limpia una mesa con papel, porque el dinero con que se cuenta se gastará en medicinas.

Presagia ruina que se rompa la cartera o se descosa un bolsillo.

Para atraer dinero, llevar un imán en el bolsillo. Arrojar una moneda en un rincón de la casa. O téngase en ella una estrella de mar con una vasija con agua del mar.

Para anunciar una buena noticia, así como para que se realice un proyecto, se toca madera. Si no hay madera en torno, tocarse la cabeza.

Nunca hable de lo que anhela ni comente un buen sueño.

Den gracias a Dios los que nacen en año bisiesto, pues son inmunes a las epidemias. En los tiempos en que se padecían, no contraían viruelas.

Afortunado el que nace en la cercanía de un árbol frondoso. «Plantar uno cuando nace una criatura para que ambas crezcan a la vez fuertes y saludables. Por ejemplo, una ceiba, que es árbol sagrado, para que lo proteja y para que su vida sea larga como la de las ceibas, que respetan los ciclones. Se cuentan casos en que el árbol sembrado al nacer el niño, si éste enfermaba o moría, también se extinguía la vida del árbol.»

Cuando nace un niño —o una niña— lo que se ha de hacer para su ventura es envolverle en un género de color. Azul el de los varones, rosado el de las hembras.

No se diga nunca el día, la hora y fecha en que se ha nacido.

Un bonito nombre influye favorablemente en el destino de quien lo lleva. Evitar dentro de la familia que se bautice un nuevo vástago con el nombre de algún pariente muerto o de un amigo que haya sido o sea desgraciado. Podrían transmitirle su desgracia. «El nombre es importantísimo. Llevando el de un antepasado muerto o el de alguien que fue notable, talentoso, sabio, valiente, a veces se adquieren sus cualidades.» «No sé que pensar. Conozco a un Napoleón, unos le llaman Napo, otros Napi, que hasta un perro chico lo asusta.» «Lo que no tiene nombre no existe» (Calazán Herrera dixit).

Serán fuertes y altos los niños que nacen en luna creciente.

Serán ricos y afortunados los que nacen de pie. «De buen augurio los que al nacer se presentan con los pies juntos. Ese niño viene al mundo con algunas de las virtudes de los jimaguas, como la de curar, adivinar.»

Los que nacen con un signo en la lengua o en el cielo de la boca son adivinos «de nativitate». También los que lloran al nacer o poco antes de nacer, en el claustro materno, lo serán: esa es la señal evidente de que la criatura es zahorí, y el deber de la madre es el de no contarle a nadie ese milagro hasta que su hijo cumpla siete años. De ello depende que el niño no pierda esa facultad que Dios le dio.

Se sabe que quien nace envuelto en zurrón, su dicha será completa. Vencerá cuantos obstáculos se presenten a su paso.

Para bien de la criatura, se le guardará un pedazo. Se entierran bajo una Palma Real.

Es insuperable, para tener buena suerte, hacerse de un zurrón. Éste se pone a secar y se lleva como una reliquia.

Los que nacen en noviembre sentirán inclinación a hacerse santeros, brujos o espiritistas.

Brujos —de los peores— serán los niños de ambos sexos que nacen con dientes. «Por eso muchos padres en África, sabiendo que esos recién nacidos dentuzos eran cosa mala, que luego serían brujos, los llevaban a la selva o se los reservaban al negrero que los compraba.»

«No se dirá jamás el nombre secreto.» Como los egipcios, nuestros negros creen que el nombre participa de la esencia del ser. Los «asentados» —iniciados— tienen dos, aquel por el que se les conoce y otro que deben callar.

Si un niño da señales de asfixia al nacer, se le dirá: «¡San Blas, que no se ahogue este angelito!», e inmediatamente respirará sin dificultad.

Los que nacen con frenillo serán tan chismosos, maldicientes y enredadores que tienen frenillo para que éste los frene.

Si un hombre o una mujer que sean jugadores, y es raro el cubano que no juega, cuando bautizan a un niño les es posible sumergir y sacar rápidamente de la pila bautismal una moneda sin que esta operación sea vista por el cura, se harán de un magnífico amuleto para ganar a la lotería y a cuanto jueguen. Pero dicen que es incomparablemente mejor, aunque muy difícil, un pedazo, por diminuto que sea, de la soga de un ahorcado.

La maldición todos sabemos que nace de un mal deseo que engendra el odio, que algunas maldiciones son justas, hay que reconocerlo, y que son éstas las que menos logra satisfacer un maldiciente... (Hace veintiocho años que al pueblo de Cuba de nada le ha servido la que continuamente, en silencio por fuerza, le lanza a quien lo tiene esclavizado y hambriento:

41

«¡permita Dios que mal rayo lo parta!») Pero, aunque merecidas, no deben proferirse. Recurvan, vuelven a su punto de partida: ahí está el peligro.

Las maldiciones de algunas mujeres, más violentas en sus odios que los hombres, alcanzan más que la de éstos.

Si es un moribundo el que maldice... entonces el maldito no tiene escapatoria.

Quien maldice a otro injustamente puede estar seguro que esa maldición, tarde o temprano, recae sobre él. Si la maldición alcanza a un inocente, pagará con creces el mal que no pudo hacerle. Mortales son las que justamente lanza un padre a un mal hijo, un padrino a un ahijado, un hermano a un hermano.

Para que una maldición sea eficaz, se echa sal en una lata y se pone al fuego. Mientras la sal se quema, se maldice.

La cola de una lagartija, si se mueve separada del cuerpo maldice al que la ha partido. Es curioso y vale la pena preguntarse por qué los niños, y me refiero a los que conozco, los cubanos, las perseguían con tal encono y eran o siguen siendo tan crueles con las lagartijas, que son inofensivas. Las madres debían saber que cuando sus adorados pequeños, a quienes educan muy mal, les parten el rabo y éste salta y se retuerce, los están maldiciendo... y eso no les conviene. Con asombrosa viveza, durante unos segundos, la infeliz lagartija los maldice.

La maldición de una lagartija, según muchos negros viejos, puede pesar en el futuro de un hombre. En los comienzos del mundo, ellos nos han enseñado, que la lagartija jugó un papel importante, tanto que fue responsable de la mortalidad humana.

Un deseo que se expresa con fuerza, en sentido del bien o del mal, se separa de la persona que lo abriga y parte como una flecha con la intención de realizarse. Que una maldición o una bendición actúen no ha de dudarse.

Un ejemplo típico de la efectividad, en este caso de una

maldición, se ofrecía en la Iglesia de Alquízar, «que no logró tener su torre porque le caían rayos. Y ésto se debe a que durante la Guerra de Independencia había allí un español, el Padre Abella, muy patriota, que cuando bautizaba a los niños cubanos, en vez de ponerles sal les ponía veneno, para que no hubiese más insurrectos. Eso decían los mambises. A una guajira del Carmen, de Pedregal, se le quedó muerto su hijito en los brazos después de bautizado. Ciega de rabia le pidió a la Virgen del Pilar que la iglesia del Padre Abella no se pareciese a las demás, la muy burra, como si la iglesia tuviese la culpa. Bueno, lo cierto es que cayó un rayo en el campanario, donde, hasta la fecha, cada vez que se hacen obras, cae otro rayo».

Porque muchos tendrán lenguas viperinas y con ellas harían demasiado daño, la Providencia dispone que de chicos hablen con dificultad y de grandes no se les entienda bien. Estos son los tartamudos, los gagos. Los mudos, los peores, por suerte no hablan. Es deplorable que, en este momento, no haya más mudos en el mundo.

Las mujeres embarazadas, para evitar que sus hijos sean feos, antipáticos, malvados, deben apartar los ojos de quienes presenten tales defectos. Los cerrará a la vista de feos y deformes y contemplará largamente imágenes y objetos bellos. Rechazará todo mal pensamiento y sentimientos de rencor, de venganza, de inclemencia, pues influirían en el físico, en el destino y en el corazón del hijo que llevan en sus entrañas.

Cuando a una mujer en estado interesante, como se decía antes, se le niega algo, le sale un gran orzuelo en un ojo al que no la complace.

La mujer que tres veces oye llorar en su vientre al hijo que dará a luz, no lo contará a nadie. De hacerlo, la criatura perderá su «aché», el don que lo destina a triunfar en la vida.

La mujer grávida que ve en su camino una soga, cordel o cinta, dará media vuelta y no seguirá adelante: la amenaza un peligro. Esto la pone en guardia muy a tiempo para que se defienda de la mala intención de un enemigo encubierto

—mujer, sin duda— que desea malograr su criatura. ¿Con una cuerda acaso no se estrangula…?

Se aconseja a las embarazadas no andar con madejas de hilo, pues enredan el cordón umbilical en torno a la cabeza del feto. Por la misma razón, no llevarán un collar puesto en todos los meses que dura el embarazo.

No permitirá una mujer embarazada que otra en el mismo estado le toque el vientre.

Las adúlteras dan a luz con mucha dificultad. Sus hijos tardan en reconocer a su padre y son particularmente cariñosos con algunos amigos de la casa.

Los malos partos pueden achacarse a la acción de alguna brujería o aojamiento.

La Rosa de Jericó alivia y activa el parto.

Se cortan los dolores de parto colocando una tijera abierta debajo de la cama de la mujer que esté dando a luz. Del mismo modo se acalla el ladrido de los perros que le ladran a la luna.

La Oración de Amelia Goyre, en La Habana, ayuda eficazmente a las parturientas. Su tumba está en el Cementerio de Colón y a ella sus protegidos le llevan ofrendas de comida. («Una negra le sirvió de madre»).

Una imagen de San Francisco y, sobre todo, de San Ramón Non-nato hacen cesar los dolores de parto. San Ramón Nonnato es el Patrón de las parturientas y para que sea feliz el alumbramiento se le enciende una vela.

Si una mujer no quiere ser madre, hace un nudo en una cinta diciendo: «no nacerá», y la guarda. Cuando lo desee, desata el nudo y parirá otra vez.

Las que ansían ser fecundadas que no hagan un solo nudo. Si está embarazada por casualidad, y lo hace, la criatura podría nacer estrangulada por el cordón umbilical.

En la ciudad de Bayamo, cuando se desea saber si la criatura que va na nacer será varón o hembra, se lleva a cabo el siguiente interrogatorio. La mano derecha de una persona significará hembra y la izquierda varón, o viceversa. Las manos de la persona que se interroga describen un círculo, uniendo el índice y el pulgar, y se le dan a escoger a la mujer encinta. Si escoge la mano derecha dará a luz una niña, si la izquierda, un varón. («Este procedimiento no me ha fallado nunca», asegura el padre de una familia numerosa).

La madre que no quiere perder a su hijo, no lo acostará nunca sobre una mesa. Si lo pierde y el niño es de meses, o de pocos años, lo que no hará nunca una madre juiciosa es llorar sobre su cadáver. A esa edad su hijo es un angelito que subirá al cielo. Sus lágrimas mojarán sus alas y así a los pobrecitos les cuesta mucho trabajo volar al cielo porque no están impermeabilizadas sus alas como las de los pájaros.

Las que han dado a luz mellizos los alimentarán al mismo tiempo, les darán el mismo alimento y la misma cantidad. Lo que recibe uno ha de recibir el otro porque, si se encelan, uno de los dos muere. Cree el pueblo que dan suerte, y les atribuye poderes sobrenaturales. En la Cuba que fue libre eran inimaginablemente malcriados.

Sí, los hijos mellizos dan suerte a los padres, pero también «muchos dolores de cabeza porque son aficionados a morirse».

Dotados de poderes, tienen el de predecir el porvenir y curar, como los asevins védicos. En el mundo entero, a través de los siglos, en todas las antiguas mitologías, aparecen ya temidos u odiados, deseados o amados, pues son portentos de la naturaleza. En la masa del pueblo cubano son muy queridos y respetados... Influencia, indudablemente de los lucumí (yoruba) y de otras tribus de la costa africana que dejaron su huella indeleble en las creencias populares.

Cuando muere un mellizo, para que el superviviente no lo siga, se toma la medida de su cuerpo con una vara —o con una cinta, preferiblemente con una vara, nos han dicho— y ésta se coloca horizontalmente junto al jimagua en su cuna o lecho. Éste crece con su hermano simbólicamente al lado y cuando llega, fuerte y saludable, a una edad que se considera segura, la vara se guarda. O bien, para que el jimagua que muere crea que no se va solo, se toma la medida del que queda con una cinta de hiladillo y se la pone al muertecito en el féretro. No volverá a buscar a su gemelo, pues marcha con la ilusión de que su hermano lo acompaña. En la casa, como si estuviese presente, se conservan sus juguetes, sus pertenencias y se le ofrenda. Este culto al hermano difunto, cuando el superviviente sea adulto, lo continuará mientras viva.

Si cae en la camisa o en el pañal del bebé una gota de leche materna, ni la camisa ni el pañal se secarán al sol, porque, a la vez, se secará la leche de la madre o de la nodriza que lo cría.

Los niños que son largamente contemplados mientras duermen, suelen despertarse bizcos o, lo que es peor, si el que los contempla, aún con amor, sin sospecharlo tiene «malos ojos» es capaz de cegarlos. Para inmunizarlos contra el aojamiento, pues los niños son más vulnerables que los animales al terrible mal de ojo, se les pondrá desde la cuna una cuenta de coral. Para los adultos, es excelente la piedra de ojo de gato engarzada en un anillo.

No se está muy lejos en estos tiempos de sentirse la inquietud, no exenta de miedo, que experimentaban los antiguos ante la posibilidad de ser blanco de unos malos ojos. El caso es que, en la actualidad, todos los medios de defensa contra el aojamiento son milenarios y los mismos, en cualquier parte del mundo, ya que nada nuevo se ha inventado para incapacitar a los aojadores o *jettatores*, privándolos de la fuerza maléfica que actúa en su mirada. De manera que se nos repite lo que todos saben: si algún desconocido alaba a un niño o a un animal, se cierran los dedos de una mano, se alargan el índice y el pulgar y, disimuladamente, se apunta al suelo, por si acaso los dañan los ojos de esa persona que lo celebra. Este signo recuerda, pero invertido, apuntando al cielo y no al suelo, al que hacía Winston Churchill durante la Segunda Guerra Mundial. Así, nos explicó un ocultista, en Yalta la victoria hubo de convertirse en derrota.

Trátese de no comer delante de una persona de la que se

sospechen «malos ojos». Si miran el alimento, el efecto de esa mirada en el que come se traduce en un cólico, en un ataque de apendicitis y, en el mejor de los casos, en una digestión difícil.

Aunque no siempre es posible saber que un individuo posee el maldito don de dañar con la mirada, de todos modos, si se advierte algo extraño en uno de sus ojos, si miran con marcada fijeza o atravesado, lo que se aconseja es sostenerles la mirada sin pestañear... Y escupir.

Contra el mal de ojos: un ágata y, sobre todo, un coral y un azabache.

Un berrinche es capaz de desbaratar el hígado. Una mirada mala, de parar el corazón.

La gente que tiene «malos ojos» puede romper un objeto mirándolo. «A Nena le rompió un collar una jamaiquina. Otra vez, le rompieron un peine; pueden reventar a una persona si la agarran con el estómago lleno».

La oración de San Luis quita inmediatamente el mal de ojo. «Nena se la hizo a un niño que volaba en fuego de calentura y enseguida se curó».

En fin, para librarnos del mal de ojos, y lo que nos aconsejaron en Cuba descendientes de españoles, de congos, de lucumís o de mandingas, es igual a lo que diría un ario, un semita, un camita, un polinesio o un tibetano... Se combate este mal con la imagen de otro ojo que rechaza la mirada nefasta y la hace inoperante. Un ojo, pintado o en relieve, se coloca a la entrada de la casa, en lugar prominente, de modo que atraiga la mirada del aojador y la venza.

Al revés de los jimaguas, delicados y absorbentes, pero tan favorecidos por el cielo, a nuestro pueblo, por influencia africana sobre todo, y mayormente en el campo, le inspiraba horror la posibilidad de concebir un hijo que fuese un Abikú. Repetiremos: Abikú son los que nacen para morir. Vienen al mundo sólo de paso («almas viajeras») y con la intención, si tiene hermanos, de llevárselos a todos con él y de ser primogénito, de acabar con los que le sucedan. («Al Abikú nadie lo quiere»). Nacen sanos al parecer, bien formados, bonitos y, al día siguiente mueren. Si varios niños mueren sucesivamente en una misma familia, al último, es usual en los campos y también en las ciudades, se les corta una falange o el lóbulo de la oreja o hacerles heridas en el cuerpo, para conocerlos cuando regresan. («Murió la cuarta niña de mi cuñada Martina y le faltaba la punta de la oreja, que ya le habían cortado *la otra vez.* Para eso, antes de enterrarla, se le ha hecho una ceremonia. Luego, recién nacida, la llevaron a una palma y allí la amarraron y ya está vieja... y no se ha ido»). Un montuno nos cuenta: «Facunda tiene un hijo que nació tó su cuerpo cribao. Yo le dije: é Abikú, ¿cómo tú viní a barriga Facunda? Ella hacía cabbón, iba mucho al monte y ese pritu lo recogió allí, en e Monte». Al niño sospechoso de ser Abikú se le maltrata, se le azota con palmiche y escoba amarga para tenerlo a raya. Cierto que nadie los quiere. Pero también existe el recurso de «amarrarlos», una vez que ha sido reconocido por las características que lo delatan: son llorones, inconsolables, raquíticos, enfermizos, no se ríen, son serios como adultos y, a veces, desconciertan por lo que saben o dicen. Se les reconoce por el hueso puntiagudo que tienen en la cabeza. Ni de broma se le llamará a nadie Abikú, porque es un desgraciado... (abí, nacido; kú, muerto).

La primera vez que a un párvulo se le cortan las uñas, se entierran. Las personas mayores no se las cortarán de noche.

Para saber con quien se trata, si es de fiar esa persona, fijarse en sus uñas. Las de los embusteros están llenas de manchas.

Se cree que es muy beneficioso para el niño de brazos presentarlos a la luna. («Se le enseñan las nalguitas»). Si es un niño, se le hará saltar siete veces, si es niña nueve. Sobre el número de saltos varían las opiniones.

En creciente nacen más varones; nacen más niñas en menguante.

A la luna nueva se la saluda («se saluda la Luna como si fuese una persona») y se le muestra una moneda con la que luego se frota la oreja izquierda, para que nos conserve o nos conceda prosperidad. «Luna nueva, yo te saludo. A mí dame salud y al mundo tranquilidad; que no haya guerra ni epidemia» —aquí se muestra la moneda— «no falte el pan. Ni a mí, ni a mi familia, ni a mis amigos ni enemigos». Se reza un Padre Nuestro, un Ave María y un Gloria Padre.

«La Luna es sagrada». No debe mirársela fijamente ni señalársela con el dedo. Tampoco se mirarán con insistencia, por ejemplo: en una iniciación o Asiento, en la Regla Lucumí, la cabeza del Iyawo o iniciado. En un velatorio, la cara del muerto. En las Iglesias, las imágenes. «Deslumbran» (quiere decir fascinan) «porque las cosas santas son muy peligrosas». «En la tierra lucumí de mis mayores» —nos contaba el negro Macario— «el que veía al Rey se quedaba muchos días con los ojos pitarrañosos y la vista nublada».

No dormir a la luz de la Luna. Enloquece. («Los locos son hijos de la Luna»). Si no enloquece, tuerce. Esta creencia está tan arraigada en Cuba como la de suponer que acostarse a lo largo sobre la tierra despierta en ésta el apetito de comerse a esa persona imprudente o, más bien, ignorante, antes del día y hora en que debía morir: día y hora que podrían estar aún muy distantes.

«El que comprenda que anda un poco *tostado*» —se nos insiste, y tostado se dice en Cuba a ser o estar un poco loco— «que no se exponga mucho a la luz de la luna y, sobre todo, a la de enero, esa que, de tan fuerte, hace sudar». Su influencia es irresistible para locos y desequilibrados de ambos sexos. La Luna es afrodisíaca: exalta a los enamorados y a los gatos. Afrodita era una diosa lunar.

Cuando asoma la luna nueva debe tenerse puesto algo de plata: un anillo, una cadena y llevar en el bolso una moneda de plata.

No se contemple la luna a través de un cristal.

Las mujeres embarazadas no deben mirarla, porque el hijo les nacerá con una mancha en la mejilla.

En luna llena —«la cachetuda»— la más poderosa, las medicinas y hasta las mierdicinas surten mayor efecto.

Muchos negros viejos nunca descuidaban una práctica que es ésta que me confió una nonagenaria: arrojar un puñadito de tierra, de cenizas o de arena de río hacia la luna nueva y gritarle: «¡ya te ví, te ví primero!» para que, a medida que aumenta de tamaño, le aumentasen a ellos las fuerzas.

La Luna tiene relaciones muy íntimas con el agua (Yemayá parió a la Luna). En tiempos de seca se le pide a la Luna que hinche las nubes y haga caer la lluvia. Se busca una piedra, un palo de monte que se quema y, con éste, se golpea en la piedra. Para hacer cesar la lluvia, se traza en el suelo una cruz de ceniza, o sobre un montón de tierra se colocan cuatro nueces de cola (Obí Kola). Se rodea de plátanos la pila de tierra y se sacrifica un gallo.

Para que llueva se invoca a la luna regando una planta. Esta operación de magia simpática, muy sencilla, da buenos resultados a quien me aconseja esta práctica milenaria.

La luna es protectora del amor y de los brujos.

Para «ligar», apoderarse, de una persona amada, para obligarle a que regrese, se va al campo y en un lugar solitario, una noche en plenilunio, se corta una yerba y después de bañarla bien en la luz lunar, se hace un nudo en ella y se llama al ausente. ¡No tardará en venir!

Hay quienes en esta operación en vez de una yerba fresca y luna utilizan un huevo.

La Luna es inmortal. Muere y renace.

La Luna tiene mando sobre las aguas.

Las estrellas son sus hijos creían congos y lucumís.

A los lunáticos los engendra la Luna. ¿Cómo? Si la mujer duerme expuesta a sus rayos, con la boca abierta.

El Sol y la Luna eran un matrimonio que se llevaba muy bien, pero un día la Luna se enceló, el Sol molesto le pegó, la estropeó y es por eso que la Luna decrece.

De muchas maneras se han explicado las fases de la Luna «es una prostituta que se excede tanto que adelgaza al punto que tiene que retirarse... Se repone lejos de los hombres y vuelve a las andadas».

En realidad muere una vez al mes.

Bañándose, la Luna se rejuvenece.

Algunos enfermos mejoran cuando la Luna declina y a los reumáticos les duelen menos los huesos.

La Luna es Señora de los muertos.

La Luna ejerce en los niños una mala influencia.

A mi portera en París le contaron de niña que la mancha que vemos en ella es un campesino cargando un haz de leña que yendo un domingo a tapar un agujero se lo llevan con haz y todo porque es pecado trabajar en domingo. Allí quedó siempre en la Luna. (Fíjense).

En China lo que ven en la Luna es un árbol y bajo éste, un hombre sentado. (Hilario).

Nos impresiona oír decir en Cuba que hay un conejo en la Luna: la gran liebre era Osiris, en Egipto (dios lunar).

La Luna manda en la naturaleza como creen los negros, y también en el cerebro, en el pulmón, en el estómago y el espinazo.

Su gobierno de la naturaleza lo reconoció la Antigüedad y en él creen los campesinos.

En Inglaterra en el siglo XVIII el pueblo veneraba la Luna nueva, se le hacía cortesía y en pleno siglo XX, en Cuba, se la saludaba y se le pedía, frotando la oreja izquierda con una moneda de plata, prosperidad. A este respecto es interesante la lectura de Mizauld, «Los secretos de la Luna», un autor del siglo XVI.

La Luna tiene una gran influencia sobre el cuerpo humano, como hemos dicho. Es muy grande sobre el cerebro, pulmón, el estómago, la espina dorsal.

La Silonita es una piedra lunar que por su forma y grosor sigue los movimientos, (cursos) de la Luna (siglo XVIII en el Gran Alberto).

La Luna come, desgasta las piedras. «Luna golosa de siembras y frutas».

Guerras astrales. Combates: los eclipses.

En Cuba, por influencia española, se decía que la mujer encinta si se tocaba la cara en luna llena, la criatura nacería con una mancha en la cara.

Si la embarazada entraba en una casa en la que se estaba comiendo, hay que invitarla, si no el niño o la niña nacían bizcos.

La Luna influye en el crecimiento de las algas y plantas marinas.

Se planta en luna nueva, crecen con la luna; es Madre de Vida.

Isis, Ishtar, Hathor, Artemis —diosas lunares.

La Luna resucita y como Cristo, a los 3 días. (Relación de la luna y muerte). ¡Muere una vez al mes!

Estrellas, hijas de la luna (creen los congos Baluba y en Sierra Leona). Pero no lo son el Lucero del Alba y el de la Tarde.

La Luna tiene miles de súbditos... El Sol está solo. Porque la Luna, bruja, le mató a todos sus hijos y esclavos.

La Luna, inmortal que nace y renace. Afrodita, diosa del amor, es una diosa lunar, y de la Muerte.

En Cuba oíamos decir lo mismo que nos hubiera dicho un campesino en francés o inglés del siglo XVI: en luna menguante no se siembra ni se poda.

Luna nueva. Es la época de cortar margaritas lo mismo que el trébol.

Los rayos de la Luna no deben caer nunca perpendicularmente sobre la cabeza. La Luna se asocia a una idea de riqueza y prosperidad cuando está en creciente, y en menguante a la Muerte.

La gente de la Costa de Oro le tiran cenizas a la luna nueva y le dicen: ¡te vi primero! porque si no a medida que se llena la Luna, les faltarán a ellos las fuerzas. En Cuba se le dice: ¡te vi primero!

Enseñarle el dinero a la luna nueva para que a medida que se llena nos llene el bolsillo. Se le presenta tres veces la moneda y tres veces se frota contra la oreja izquierda.

A la Luna no se le señala con el dedo, que es falta de educación. Se le pide salud. No dormir a la luz de la luna.

Un viajero inglés, el pintor Walter Goodman, escribe que cuando alguien es iluminado directamente por sus rayos, cambia de asiento. Esta aprensión subsiste en nuestro siglo, y se cree que permanecer mucho rato expuesto a la claridad lunar, pasma, o produce otros fenómenos. Desde luego, los locos empeoran en los días de luna llena.

Era costumbre de muchas negras esclavas en los ingenios dar el pecho a los hijos cuando asomaba la luna nueva.

A la luna nueva se les pide para ellos salud y suerte.

A la Luna se la saluda diciendo: «Buenas noches, nené». (En Matanzas, Cuba).

La luna rojiza anuncia calamidades, derramamiento de sangre, guerra.

Los eclipses son peleas del Sol y de la Luna.

De día no hay estrellas porque el Sol se las tragó creyendo que la Luna haría lo mismo, pero la Luna las escondió y las deja salir de noche, lo que enfureció al Sol. Despedazó a la Luna que resucitó.

Las estrellas son un rebaño del Sol que pastorea su mujer la Luna.

Vía Láctea. Una gran avenida que atraviesa el cielo, Nsila Sambi, le dicen los congos.

Una estrella fugaz... una muerte. Y es posible que en ese instante una mujer de color esté engañando a su hombre.

Jamás decir que se es feliz o demostrar dos amantes que se quieren para evitar que los malos ojos actúen aun sin querer, pues se puede ser aojador aún sin querer.

Sombras. Los hombres van arrastrando su doble, es decir, la sombra que proyecta su cuerpo. Debe cuidar que nadie la pise.

Las estrellas también conceden favores... Se contempla una, se le pide y se ata una cinta en el tobillo. Así se han hecho amar muchos hombres y mujeres que habían perdido toda esperanza de ser correspondidos.

La estrella que se ve caer del cielo es un alma que escapa en aquel mismo instante. Antes que desaparezca de nuestra vista debe pedirse: ¡salud! y récese un Padre Nuestro.

Esas estrellas fugaces les pertenecen a Oyá y a Yewá —dos diosas lucumí, (yorubas)— diosas de la muerte y del mar. A esas estrellas que en gran cantidad súbitamente suelen llover en Cuba al fondo de la noche se les dice: ¡Dios te guíe! pues se consideran de mal agüero.

Cuando se desprende una estrella del cielo revela que una mujer engaña a un hombre o un hombre engaña a una mujer.

Los cometas anuncian calamidades.

Los fuegos fatuos, son espíritus que salen de noche a vagar por los campos. Hacen daño cuando se les teme. Si se echa a correr para huir de ellos, persiguen, se ensañan con los cobardes. Quedarse inmóvil, rezar la oración que se sepa, la más poderosa de todas el Padre Nuestro —«líbranos de todo mal», y sobre todo no demostrar que se siente miedo.

Esas luces, espíritus de la tierra, indican a veces el lugar de un tesoro. Llevan a ellos o aparecen donde están enterrados.

Tesoros ya no se encuentran fácilmente, ni siquiera años atrás, en la ciudad de Trinidad, donde hubo tantos, pero aunque no es un desatino asegurar que aquí en la Florida aunque fue española, no se hallaría ninguno, como se ha de ser optimista, si a algún pobre exiliado a título de cubano, hijo de español, le es revelado el de un conquistador en un sueño o por algún otro medio misterioso, para librarse de peligro, que vaya a buscarlo acompañado por persona de su absoluta confianza, y provisto de velas y agua bendita. El dueño, que lógicamente murió hace luengos años, o hace siglos, sin esas precauciones castigaría al que desentierra su tesoro y al acompañante. Sería una grave irresponsabilidad no advertirlo, generalmente mata al que no ha elegido para que se adueñe de su riqueza. De ahí que los viejos opinaban que era mejor no hacer ese favor y muchos hombres sensatos no se atrevían a excavar donde se sospechaba que había uno escondido.

Si por pura casualidad, sin esperarlo, se halla dinero enterrado, se dejan *in situ* algunas monedas, y se celebra una misa de difunto, aunque no se sepa por quien.

—«Pues hay muertos y espíritus, que como otros espíritus que son guardieros de caminos, montes, ríos, cuevas, cementerios, son guardieros de tesoros. Si dado por el mismo muerto, una persona tiene *un rastro*, —un derrotero— para encontrar un *entierro* (tesoro) se sabe que a esa persona se le aparece un ser del otro mundo, con una lámpara encendida y le alumbrará el camino. Pero hay espíritus muy malos, que extravían, amarran, y a los intrusos los matan.»

No se cruzará el mar sin dejarle caer siete centavos. Pocos eran los habaneros humildes y creyentes que iban de La Habana a Regla, a pocos minutos en la otra orilla del puerto, en guadaño, Ferry o «motorbó» que no le rindiesen a Yemayá, la diosa del Mar, Nuestra Señora la Virgen de Regla, este tributo.

Yemayá sigue recibiendo este tributo pues la fe en los Orishas no ha logrado apagarla el comunismo.

El mismo cuidado se observará al atravesar un río. Allí se

solicita el permiso de los espíritus que en él moran. «Madres», «Padres» de Agua, güijes, duendes y muertos, pues las almas de los muertos suelen vagar por ríos y lagunas.

(Debo decir, suponiendo que tal convicción puede beneficiar a alguien, que conocí a un guajiro negro que jamás comía pescado porque, le constaba, «que los ahogados se convertían en peces en el fondo del mar.»)

Charcos, lagunatos lejanos de la población, aguas estancadas y solitarias, tristes, evitarlas.

No se silba de noche. Eleguá se presenta. No silbar en la casa a oscuras ni andando por caminos solitarios.

Y absténgase igualmente de andar de noche en un platanal. En ellos puede toparse al Diablo o a otros entes maldadosos que se complacen en frecuentarlos cuando oscurece.

De noche no se cortan las uñas, porque es fatal para el cerebro. Sería posible enloquecer.

Si se padece de un orzuelo se toca levemente la puerta de una casa y se dice: «ahí te lo dejo».

A la primera señal de tormenta, al primer fusilazo, quemar guano bendito del Domingo de Ramos. Y rezar.

(«Le preguntaron a Má Apolonia si no le tenía miedo a los truenos.
—¿Yo? No siñó. En sabiendo rezá que vengan *tronos*.
Y su rezo era «¡Kabie sí le yeyé asú bé re má!»)

Mientras dure la tormenta ténganse tapados los espejos.

Mientras truene no se miente a Changó —Santa Bárbara— ni se juegue con un perro.

Cuando truena rezarle a Nuestra Señora la Virgen de las Mercedes para que aplaque a Santa Bárbara, que está muy enojada, como así lo demuestran los truenos.

Para defenderse del rayo, el día de la Virgen de la Candelaria se compran velas o se llevan de la iglesia las que en ese día han ardido en el altar y se tienen a mano para encenderlas cuando ruja una tormenta y empiecen a caer rayos.

Lo que ésta dure, mientras truene y relampaguee no se plante nadie en mitad de la puerta ni ponga en ella las manos.

No se barre, y el que fume en pipa no se atreva a encenderla hasta que no se serene el cielo.

Una escoba y un plumero en forma de cruz ahuyentan al trueno.

Una vela que haya alumbrado un Jueves Santo protege contra los rayos y truenos.

Un cuchillo dentro de una cazuela con agua, corta las tempestades.

Hay horas y días afortunados y nefastos, como hay números y colores favorables y desfavorables. Venturoso, sagrado, el 7. En cuanto a los colores evítese el negro. No es de fiar el verde y excelente el azul. Se pelea con el rojo.

Superstición de los números: en esto hay algo personal. Unos tiemblan ante el 13. Otros consideran que les da suerte. Los reyes de Francia, Enrique IV, Luis XIII lo preferían, para ellos era de buen augurio.

El verde, hoy color de esperanza, lo fue en un tiempo del diablo. En el siglo XVI se consideró el verde símbolo de desgracia y ruina y color del Diablo durante la Edad Media. Una T verde con negro aparecía en las procesiones de la Santa Inquisición.

Se consideran horas peligrosas, las doce del día, las seis de la tarde, las doce de la noche.

A las doce del día, los espíritus, las Ánimas, «salen a dar una vueltecita» y Eleguá, Ogún y Ochosi, que juntos los tres les llama nuestro pueblo «Los Guerreros», están muy activos en las esquinas y encrucijadas. Lo mejor entonces es no estar fuera de casa al sonar esa hora. Es el momento de arrojar agua a la calle para refrescarla y de levantar los pies del suelo como acostumbran en Oriente los bayameses.

A las seis de la tarde todos los espíritus vuelven a poner-se en movimiento, como si hubiesen estado amodorrados hasta esa hora.

Y a las doce de la noche... la más terrible, huelga recordarlo, muertos, «chicherekús», ndokis, brujas chupadoras de sangre, trasgos, fantasmas, transitan libremente.

A las doce de la noche, o un poco antes de cantar un gallo, se ríe el Diablo.

Días buenos para enamorar, los lunes, jueves y sábados. Los cinco de cada mes que los rige Ochún —Nuestra Señora de la Caridad del Cobre— diosa del Amor y Patrona de Cuba.

Lunes para purificar las casas, hacer buenos propósitos, visitar al adivino, y si es necesario quitarse de encima una brujería o mala influencia, «limpiarse».

En lunes se cortan las uñas para que nunca duelan las muelas.

Martes: ya se sabe. Ni te cases ni te embarques ni de tu familia te apartes. Es que no son buenos los días que tienen erre.

Un martes (o un viernes) a las tres p.m. se coloca en un plato hondo con agua, la prodigiosa Rosa de Jericó que procura buena suerte, y se la deja en éste tres días, al cabo de los cuales se bebe esa agua para limpiar, remozar y fortalecer el organismo. Revive al más abatido que como la rosa recobra su lozanía. Cuando se seca, se la sumerge en agua con una moneda de plata, y si es posible de oro. El agua se utiliza también para rociar la puerta de la casa y alejar de ésta cualquier desgracia. La Rosa de Jericó bendita por Jesús concede cuanto le piden.

El miércoles se creía también nefasto para casarse. Tan malo como casarse en el mes de mayo: se sería muy pobre.

Viernes. Fue el día en que Cristo estuvo muerto.
El Diablo hace de las suyas. Los hechiceros hacen sus mejores maleficios ese día.

Cualquiera que sea el día en que una mujer se casa lo importante es que se ponga una liga usada y no entrar en la iglesia con el pie izquierdo.

Mala suerte la espera si el novio la ve vestida con el traje de bodas el mismo día del matrimonio antes de ir a la iglesia.

Para que el futuro marido no le sea infiel y nunca se marche de la casa llevará a su luna de miel la oración de San Antonio Abad que les conserva a las mujeres sus novios, esposos o amantes.

Si llueve torrencialmente el día que una pareja contrae nupcias o sella su compromiso amoroso, es probable que derramará muchas lágrimas.

En Cuba la gente no veía bien casarse en sábado y domingo. Para evitar que casarse en martes y miércoles sea nocivo a la felicidad de los novios, bastará con que un amigo del novio deslice en sus bolsillos un poco de sal.

En lunes y viernes, para protección del cuerpo y asegurar un bienestar, es preciso depositar cinco centavos al pie de un árbol de Paraíso. Si al dueño del Paraíso alguien le pide de sus hojas, que exija en cambio algodón y albahaca.

Domingo: no prospera nada que por puro interés material se emprende ese día. Trabajar en domingo es un sacrilegio. Se deja descansar la tierra y no se siembra nada en ella porque no crecerá.

Jueves y viernes: días buenos para cortarse las uñas.

En Semana Santa: el viernes, barrer, clavar en la pared, cortar un árbol, etc. es ofender «dañar el cuerpo de Cristo»; la casa se llenaría de insectos, de cucarachas, moscas y hormigas.

En Jueves y Viernes Santos, se aconseja estar muy alerta, porque de alcanzar a una persona el maleficio de un Mayombero Judío, es muy difícil de conjurarlo.

Ni en Jueves y Viernes Santo es prudente bañarse. El agua se convierte en sangre.

Los que en Viernes Santo se atrevían a fornicar después no podían separarse.

En Viernes Santo no se matará ni una cucaracha.

Al que cuece pan en Viernes Santo, con preferencia si es mujer, que cuente con siete días de bendición.

Rayando las doce en punto de la noche del Viernes Santo quien sea capaz si va a un pozo, y lo llame tres veces verá a un güije —o jigüe—. Son duendes acuáticos, pequeños, que andan hacia atrás. Viven en los ríos y producen calentura.

Los Viernes Santos aparece a las doce, en los pozos, el rostro de Nuestro Señor Jesucristo.

Se sabe que en un tiempo volaban a Roma, en bandadas como pájaros, todas las campanas de Cuba y del mundo y regresaban sin ser vistas a las torres de sus campanarios.

Las campanas tienen la virtud de espantar al Diablo y a sus secuaces como los cascabeles que se cosen en los bordes del refajo o de las sayuelas, a los espíritus inoportunos o a la misma Muerte a quien aturde el ruido.

Las campanas y las estatuas, cuando no quieren que las muevan y las toque, no hay fuerza humana que las desplace y las toque.

El día de San Juan, como en Jueves y Viernes Santo, y a las doce, se reza una oración y es posible contemplar lo que se desee en el agua de un pozo, de un barril o de una palangana. O bien en un espejo.

—«Pero no es conveniente hacerlo. Un Viernes Santo mi hermano se sentó junto a un barril con su espejo de mano. Primero se nubló el sol en la luna del espejo y en el pedazo de tierra en que se hincó para invocar se apareció lo que quería ver. ¡Nueve días pasó mirando en su espejo a las doce de la noche y un negro congo muy viejo, apoyándose en un bastón tocó en la ventana y le dijo: deja ya, tá bueno ya hoy cumplí nueve día y te condena si mira má.»

«A las nueve de la noche del noveno día de las fiestas de San Juan, mi vecina Juana Manresa estaba sentada con su novio en su portal. Oyó caer tres piedras. Una cerca de piña y alambre dividía nuestras casas. Había en el patio una piedra enorme y varios calderos. Le preguntó a la vieja Luisa Manresa: ¿quién tira esas piedras? —¿No sabe? ¿Son ustedes, de tanto mirar en el espejo?—. Yo no veo nada, pero le voy a pedir al Diablo que me dé vista para verle su cara de chivo.

En ese momento se formó un remolino de viento y candela. Fui testigo y no miento. Llovieron piedras de casa de Juana y Luisita Manresa en todas direcciones. Hubo vecinas con ataques de nervios, cabezas rotas y gritos, y en eso llegó Tá José y les dijo: ¡ahí tienen lo que les ha pasado por estar mirando y molestando tantos días a San Juan! Juramos no hacerlo más.»

El muerto que se invoca el día de San Juan en el agua, asoma en la superficie tal como fue en vida. Después se le ve tendido en el ataúd.

En esa fecha se forman figuras extrañas en las vasijas; cuando es un barco lo que se dibuja en el agua, la persona que lo ve se embarcará pronto.

Las muchachas que se miran en una fuente de agua cristalina el día de San Juan, esperan ver en ella al hombre que será su marido.

El cuerpo de quien no se bañe el día de San Juan... criará bichos.

El día de la Candelaria se corta el pelo.

Nunca se arroje el pelo que se corta donde el sol castigue, porque dolerá la cabeza.

Un pelo con raíz que se echa al agua es susceptible de convertirse en culebra. (Y cuando diga culebra no olvidar decir tres veces, ¡lagarto, lagarto, lagarto!). En Cuba al referirse al majá suele llamársele veintiuno.

Ocupa un gran espacio en el campo de las supersticiones

el gato negro, que en unos casos se cree que da suerte y en otros desgracias.

El gato negro suele ser inseparable del brujo malhechor.

Las lechuzas presagian muerte, de ahí que cuando se ve una se diga: ¡solavaya en mala compañía!

Y así, indefinidamente, podríamos continuar anotando otras supersticiones, pero no vale la pena alargar estos apuntes.